QUINQUA PARIA

Theatre de Claude Cognard.

Quinqua Paria.

ISBN-13: 978-1497578135
ISBN-10:1497578132

Théâtre.

Ce texte avait été écrit spontanément après le licenciement injuste d'un proche.

Après le décès du Président et fondateur de l'entreprise, Christian Machin embauché 20 ans plus tôt se retrouve face à Duvallier et Colette Legras son adjointe, nouvellement recrutés pour superviser la chaîne des magasins. Ce duo souhaite débarrasser l'entreprise des cadres les plus anciens, donc les plus coûteux. Pour réduire les frais de licenciement, Duvallier évoque l'insuffisance professionnelle alors que Colette Legras son adjointe, explique que tout le monde commet une faute dans sa vie professionnelle et qu'il suffit d'être patient et vigilant pour trouver l'instant idéal qui permettra d'évoquer une faute lourde.

Scène.

Duvalier.

(Assis derrière son bureau. Sans lever les yeux)

Asseyez-vous !

Christian Machin.

Merci, Monsieur !

Gaétan Duvallier.

Machin ! Depuis combien de temps déjà travaillez vous dans notre entreprise ?

Christian Machin.

Claude Cognard.

Vingt ans, Monsieur, vingt ans, un peu plus de vingt ans que j'ai ouvert la première boutique du groupe ! J'avais vingt-huit ans presque vingt-neuf...

Gaétan Duvallier.

On ne vous demande pas de nous raconter votre destinée, je vois bien que vous n'êtes pas de la dernière fraîcheur.Vous feriez mieux de vous asseoir

Christian Machin.

(Qui s'assied)

Désolé, Monsieur, mais ma destinée en vaut une autre et ma fraîcheur est celle d'un homme qui a travaillé dur pour remplir sa mission, nourrir sa famille et permettre à cette entreprise d'être ce qu'elle est.

Gaétan Duvallier.

(Qui rit)

Après nous avoir raconté sa vie, il nous fait de la littérature Vous feriez mieux de rendre visite à votre coiffeur.

Christian Machin.

(Il se caresse les cheveux)

Rendre visite à mon coiffeur ? Vous soulignez ça parce que j'en sors... De chez le coiffeur ! Vous faites de l'humour, Monsieur ou est-ce de la provocation ?

Gaétan Duvallier.

Je vous ai toujours vu avec les mêmes cheveux blancs.

Quinqua Paria.

Christian Machin.

C'est de famille ! Je ne suis pas un adepte de la teinture capillaire Mon physique vous convient-il ? Pas d'autres problèmes à signaler, pas d'oreilles trop longues, pas de dents abîmées ? Si oui, prévenez-moi, je consulterai un chirurgien esthétique. Souhaitez-vous que j'exige que l'on me retende la peau du visage ?

Gaétan Duvallier.

Votre mère a dû avoir un choc en accouchant ... Enfin, qui est déjà vieux à quarante ans, sera encore vieux à soixante ! Tout cela pour vous compreniez que vous ne changerez plus physiquement !

Christian Machin.

Bon ! maintenant cela suffit, vous ne m'avez pas demandé de venir pour m'insulter, si ? Si c'est le cas, votre humour me laisse de marbre ! J'ai des cheveux blancs depuis quelques années, je n'y peux rien, Monsieur ! Comment dois-je prendre une analyse aussi pertinente de votre part ?

Gaétan Duvallier.

Vous la prenez comme vous le voulez, je m'en moque

Christian Machin.

J'avais bien compris. Bien !

Gaétan Duvallier.

Claude Cognard.

Évidemment, ce n'est pas à vous que j'apprendrai que notre président n'assure plus ses fonctions depuis quelques semaines...

Christian Machin.

Le bruit court ...C'est dramatique ! J'espère qu'il va s'en remettre

Gaétan Duvallier.

Vous savez toujours, tout ! Informatique, vous savez ! Sécurité, vous savez ! Le président est malade, vous savez...

(Colette Legras, grande femme, lunette, tête haute entre)

Colette Legras.

Bonjour, Machin !

Christian Machin.

Bonjour, Colette.

(Puis à Gaétan Duvallier).

Oui, je le sais, comme les autres le savent... En vous entendant, j'ai l'impression d'avoir commis un crime parce que je connaissais l'état de santé du président Pardonnez-moi, mais je trouve vos propos désagréables

Gaétan Duvallier.

(Il frappe du poing sur le bureau)

7

Quinqua Paria.

Et moi, je vous trouve exaspérant !

Colette Legras.

(Elle s'est assise sur un angle du bureau du côté de Christian Machin.)

Toi, Machin, il va falloir que tu te calmes maintenant. Tout est train de changer...

Gaétan Duvallier.

Le patron change Pardon, il a été remplacé, c'est un fait !

Christian Machin.

C'est triste, vraiment triste

Gaétan Duvallier.

Pas de quoi pleurnicher pendant des heures ou s'appesantir.

Christian Machin.

Non, j'ai le droit de dire que l'idée qu'il puisse ne plus diriger cette entreprise me touche profondément. C'est lui qui m'a donné ma chance, il y a si longtemps. Je ne trouve pas de mots pour exprimer ce que j'éprouve

Gaétan Duvallier.

(Railleur en écho)

« Je ne trouve pas de mots pour exprimer ce que j'éprouve ». Vous n'allez pas chialer, tout de même !

Claude Cognard.

Christian Machin.

Certes, non ! Mais ceci resterait mon droit que je sache Tous nous regretterons son génie des affaires, son sens du client et de la gestion

Gaétan Duvallier.

Les autres n'ont pas ces qualités-là évidemment ? C'est un homme que je...

(Il hésite à aller plus loin).

Ça va certainement vous faire drôle !

Colette Legras.

Ça doit déjà lui faire drôle !

Christian Machin.

Pourquoi ?

Gaétan Duvallier.

Parce que vous faites partie de ceux qui préfèrent toujours s'adresser au Bon Dieu. Et si le bon dieu est mort

Christian Machin.

Pardon ?

Gaétan Duvallier.

Quinqua Paria.

Personne n'est dupe

Christian Machin.

Dupe ? Dupe de quoi ?

Colette Legras.

Comme si tu ne le savais pas !

Gaétan Duvallier.

Sous prétexte que vous avez été le premier à travailler avec le président, vous vous êtes, pardon...

(Emphatique).

Monsieur s'est attribué des prérogatives qui, désormais n'ont plus de raison d'être. Il va falloir que Monsieur se calme

Christian Machin.

Que je me calme ? Encore ?

Gaétan Duvallier.

(Qui se lève)

Que vous vous calmiez ! Vous m'avez très bien compris

Christian Machin.

Claude Cognard.

(Qui se lève à son tour)

Non, je n'ai... Je... Je ne comprends pas !

Gaétan Duvallier.

Restez assis ! Vous en preniez un peu trop à votre aise.

(Christian Machin. s'assoit).

Colette Legras.

Beaucoup trop à ton aise.

Gaétan Duvallier.

Et Monsieur le président par ci et Monsieur le président par là ! Et que je te téléphone par ci et que je te téléphone par là !

Christian Machin.

Il lui arrivait de me téléphoner, je l'admets ? Mais, jamais, vous m'entendez, jamais je ne l'appelais. C'est une vieille habitude qu'il avait prise, au tout début de l'aventure magasins.

Gaétan Duvallier.

L'aventure magasins ? Vous vous prenez pour Christophe Colomb ?

Christian Machin.

Quinqua Paria.

Christophe Colomb ?

Gaétan Duvallier.

Vous me comprenez très bien ! Vous vous prenez pour un expert ? Pour le chef ? Désormais, vous allez filer doux comme vos collègues.

Christian Machin.

Je ne me prends pour rien du tout !

Colette Legras.

Tu as raison, tu n'es rien du tout !

Gaétan Duvallier.

D'ailleurs, il y a quelque chose qui ne fonctionne plus correctement dans votre magasin. Vos résultats baissent...

Christian Machin.

Subitement ? Là, brusquement ?

Gaétan Duvallier.

Oui d'un coup.

Christian Machin.

Claude Cognard.

Monsieur, aucun des résultats de ma boutique ne baisse. Le chiffre d'affaires du magasin est un des meilleurs de la chaîne, l'équipe est accueillante, souriante, compétente...

Gaétan Duvallier.

Ce n'est pas le problème. Pour nous, vos résultats ne sont pas bons !

Christian Machin.

Vous savez très bien que les résultats du magasin sont excellents. Puis-je avoir des explications, savoir ce que vous mijoter ?

Gaétan Duvallier.

Soyez correct, vous n'avez pas à me demander de vous rendre des comptes. Quel âge avez-vous ?

Christian Machin.

Quarante-neuf ans bientôt cinquante C'est ça l'explication ?

Colette Legras.

C'est un peu jeune tout de même.

Christian Machin.

Un peu jeune pour ...?

Colette Legras.

13

Quinqua Paria.

La retraite... quarante-neuf ans ! Vous, à presque soixante, monsieur Duvallier., vous faites tellement jeune

Gaétan Duvallier.

Merci, ma petite Colette, vous êtes adorable D'ailleurs, il faut que je précise à Christian Machin, que nous recherchions un directeur adjoint... niveau supérieur ... quelqu'un qui me seconde. Enfin, vous me comprenez ?...

Christian Machin.

J'avoue que ...

Gaétan Duvallier.

Vous allez me dire qu'il y a longtemps que vous souhaitiez ce poste, que vous êtes le relais de vos collègues, que dès qu'il y a une paille en croix quelque part dans l'entreprise, c'est vous que l'on appelle. Vous rabâchez ... Il n'y a pas que les cheveux qui sont blancs, la cervelle aussi... enfin, je dis cervelle, si vous en avez une ! J'en ai assez de vous ! Vous êtes un manipulateur, lèche-bottes du président... je connais votre litanie par cœur

Colette Legras.

Les choses vont changer mon petit Machin. Il va falloir que tu te plies, tu comprends... que vraiment tu te plies. Je viens d'être nommée par Gaétan Duvallier. au poste de superviseur, c'est moi qui le seconde.

(Elle glisse du bureau et avance sur Machin).

Je suis ta chef.

Christian Machin.

Claude Cognard.

Félicitations

Colette Legras.

Tes félicitations, je m'en fiche. Ce que je veux, c'est que tu te bouges, maintenant...

Gaétan Duvallier.

Vous pataugez au milieu de votre équipe

Christian Machin.

(Il écarte les bras)

Je patauge ?

Colette Legras.

Oui, tu es dépassé, tu végètes au milieu de vendeuses, alors que ton rôle voudrait que tu sois en train de préparer ton travail de manager

Christian Machin.

Mon travail de manager ? Et alors, je suis au milieu de mon équipe chaque fois que ceci est possible, c'est tout, c'est normal ! Les clients qui me connaissent aiment me retrouver sur la surface de vente, ils apprécient que je sois présent.

Colette Legras.

Te retrouver ? Te voir ? Il y en a qui ne doivent pas être déçus !

Quinqua Paria.

Christian Machin.

Tu comprends très bien...

Gaétan Duvallier.

Entre nous, le président pas très brillant...

(Pause)

Professionnellement...
En plus, quand on voit les gamins qu'il a faits !

Christian Machin.

Je ne peux pas laisser dire cela du président, d'une entreprise qui emploie aujourd'hui plus de deux mille personnes. Quant à ses enfants... Ils sont ...

Gaétan Duvallier.

Justement, ses enfants ? Ils sont, c'est ça « ils sont » !... c'est tout ! Ils sont ... Aujourd'hui non seulement, il va nous falloir assumer la fonction du père, mais en plus, il va falloir former sa marmaille. Tout leur apprendre ! Sa racaille de marmaille ! Plus incompétents qu'eux, difficile à trouver !

Christian Machin.

Et alors ? Qu'est-ce que j'ai à voir avec ce type de préoccupations ?

Colette Legras.

(Qui reprend sa position sur le bureau)

Claude Cognard.

Nous aimerions... Enfin te concernant, nous aimerions que...

Gaétan Duvallier.

Que vous...

Christian Machin.

Vous l'avez dit, que je me montre moins entreprenant dans ma manière d'être, que je prenne moins d'initiative...

Gaétan Duvallier.

Oui, mais...
Enfin c'est délicat

Colette Legras.

(Elle se relève et pose les mains sur les épaules de Christian Machin).

À ton âge, tu pourrais essayer de faire quelque chose, autrement, ailleurs...C'est le moment du grand virage.

Christian Machin.

(Qui la repousse)

Que voulez-vous précisément ?

Gaétan Duvallier.

Rien, nous ne voulons rien ?

Quinqua Paria.

Christian Machin.

Me voir partir ?

Gaétan Duvallier.

Nous n'avons pas dit ça

Christian Machin.

Et que cherchez-vous à dire alors !

Colette Legras.

(Elle va se placer derrière Gaétan Duvallier).

Nous, nous constatons...

Christian Machin.

Que constatez-vous ?

Gaétan Duvallier.

Que l'ambiance se dégrade dans votre magasin.

Christian Machin.

Pourquoi dites-vous ça ?

Claude Cognard.

Colette Legras.

Parce que nous avons envie de te le dire.

Christian Machin.

Vous et moi, nous nous sommes rencontrés pour un entretien d'appréciation, il y a quinze jours, un entretien au cours duquel, vous monsieur Duvallier, vous en personne, avez écrit de votre propre main, « très bonne ambiance »... Je tiens le document à votre disposition.

Gaétan Duvallier.

L'entretien a eu lieu, il y a un mois.

Christian Machin.

Un mois, si vous voulez.

Gaétan Duvallier.

(Il consulte son agenda)

Trois semaines.

Christian Machin.

Trois semaines ou un mois ?

Gaétan Duvallier.

Eh bien, ce n'est pas la même chose. En plus, vous manquez de précisions.

Quinqua Paria.

Colette Legras.

En trois semaines, l'ambiance s'est détériorée. C'est un constat.

Christian Machin.

En trois semaines ? Vous cherchez un motif pour m'écarter de mon magasin, me faire quitter l'entreprise ?

Gaétan Duvallier.

Quitter l'entreprise ? Vous voulez partir ? Si vous voulez partir la porte est ouverte.

Colette Legras.

Tu peux partir ! Aucun problème, tant mieux.

Christian Machin.

Je n'ai jamais prétendu que je voulais partir.

Colette Legras.

Nous sommes deux à t'avoir entendu le dire.

Christian Machin.

(Qui hausse les épaules)

Claude Cognard.

Je n'ai jamais dit, cela !

Colette Legras.

En plus, tu mens ? Tu reviens sur tes propos et tu mens...

Gaétan Duvallier.

Vous n'entendez pas ce que vous dites ? Vous n'assumez pas.

Colette Legras.

De toute façon, si nous voulons te faire quitter ton poste, nous, nous saurons t'y contraindre. Ce n'est qu'une question de patience ... Ça prendra le temps que ça prendra. Nous trouverons toujours la faille qui nous permettra de te ...

Christian Machin.

Vous voulez me licencier ?

Gaétan Duvallier.

Ah non !

Christian Machin.

Vous faites pression sur moi pour que je quitte l'entreprise. Je vous rappelle que le licenciement ne s'improvise pas, qu'il y a une procédure légale définie...

Colette Legras.

Quinqua Paria.

Jamais parlé de licenciement ! Jamais dit ça !

Christian Machin.

Qu'avez-vous dit alors ?

Colette Legras.

Tu entends mal ! Non seulement tu tiens des propos que tu nies un instant après, mais en plus tu prétends que nous tenons des propos que nous n'avons jamais tenus. Tu dois être fatigué ?

Gaétan Duvallier.

Ça se passe bien avec votre femme ?

Christian Machin.

Oui, très bien ! Pourquoi ? Que vient faire ma femme dans cette histoire ?

Colette Legras.

Rien !

Gaétan Duvallier.

Au fait, avec votre collègue Mathilde Barn ? Avec elle, ça se passe plutôt bien, n'est-ce pas ?

Colette Legras.

Claude Cognard.

Vous faites la route ensemble pour vous rendre au siège, hein ?

Christian Machin.

Oui, évidement, nous covoiturons. Nous respectons vos directives. Au minimum deux personnes par voiture, sinon pas de remboursement des frais de route.

Gaétan Duvallier.

Bien entendu, les frais de route, ça, c'est important !

Colette Legras.

Nous avons remarqué que depuis que tu fais le voyage avec Mathilde, vous arriviez à l'hôtel, les veilles de réunions à vingt-deux heures.

Christian Machin.

Vous êtes bien informés. Il nous arrive même d'arriver à vingt-trois heures...

Gaétan Duvallier.

Autrefois lorsque vous voyagiez avec votre collègue Franck Falsebottom, vous arriviez à dix-huit heures, vous dîniez le soir avec vos autres collègues.

Christian Machin.

Possible ! Nous venions en train et le train arrivait vers dix-huit heures.

Gaétan Duvallier.

Quinqua Paria.

Non, pas « possible » mais « certain » !

Christian Machin.

Et alors ? Nous arrivons la veille des réunions, mais rien ne nous y obligeait. Il m'est arrivé de me lever à quatre heures du matin de parcourir les quatre cents kilomètres de chez moi au siège pour commencer la réunion à huit heures trente.

Colette Legras.

Autrefois, au temps des dinosaures, avant la guerre de quatorze dix-huit. C'est bien ça ?

Christian Machin.

Vous savez très bien que ma collègue Mathilde a quatre enfants dont deux en bas âge. Les soirs, elle attend que son mari qui est commercial rentre à la maison avant de partir. Nous quittons Aix à vingt heures trente.

Colette Legras.

À d'autres...

Gaétan Duvallier.

Elle a raison, gardez vos élucubrations pour d'autres.

Christian Machin.

Vous fonctionnez par suppositions, à quoi voulez-vous en venir ?

Claude Cognard.

Colette Legras.

Même voiture plus une arrivée tard le soir !

Gaétan Duvallier.

À cinquante ans, chacun aspire à la détente ? alors un peu coup dans le contrat, ni vu, ni connu.

Christian Machin.

N'importe quoi !

Gaétan Duvallier.

Notre univers est contraignant, c'est beaucoup de soucis pour un homme vieillissant.

Christian Machin.

Vieillissant ? Pardonnez-moi, mais vous tenez bien le coup, vous ?

Colette Legras.

Lui, c'est autre chose... C'est un leader, un vrai, rien ne le rebute !...Comme tu le sais, nous avons rénové ton magasin...

Christian Machin.

Il n'était pas trop tôt ! Tous les autres ont été refaits, le nôtre qui est le plus ancien n'avait pas été ne serait-ce que nettoyé depuis plus de dix ans

Quinqua Paria.

Gaétan Duvallier.

Justement ! Avec la clientèle de vieux que vous avez ...Nous allons changer tout cela. L'univers qui est le nôtre, a besoin de jeunesse, il faut que nous changions l'image...

Christian Machin.

Nous avons aussi de jeunes clients, mais notre cœur de cible, c'est les quarante-cinq/soixante-cinq ans.

Colette Legras.

Peu importe ! Il y a des éléments un peu lourds dans le décor...

Gaétan Duvallier.

Vous n'êtes pas un poids mouche que je sache. Il faudrait aussi améliorer votre allure et votre démarche...

Christian Machin.

Un mètre quatre-vingt-dix, quatre-vingt-dix kilos. Je n'ai pas tellement changé en vingt ans. J'admets que je n'ai jamais envisagé les défilés de mode...

Colette Legras.

Cela t'amuse, j'en suis ravie. L'idée de ta reconversion ne m'a pas l'air étrangère...

Gaétan Duvallier.

Claude Cognard.

Le rugby, ce n'est pas notre tasse de thé. Ce que nous voyons aujourd'hui, c'est un homme...Épais...

Colette Legras.

Les éléphanteaux lorsque tu les vois dans la nature, c'est amusant, agréable même... Mais dans une boutique, cela

Christian Machin.

Tu critiques ma démarche ? Vous m'insultez ?

Colette Legras.

Nous ne t'insultons pas, nous soulignons les points importants qui devraient te permettre de t'améliorer. Disons que tu pourrais te montrer plus gracieux dans ta démarche...

Gaétan Duvallier.

Le mot éléphanteau est un euphémisme destiné à vous permettre de comprendre plus aisément

Christian Machin.

(Il se lève)

Je ne suis pas venu pour subir vos injures !

Gaétan Duvallier.

(Autoritaire)

Quinqua Paria.

Restez assis, Machin !

Christian Machin.

(Qui s'assoit).

Les procédures de licenciement existent. Elles sont très précises...Si elles ne sont pas respectées le licenciement est abusif

Colette Legras.

Pas de licenciement ! Nous avons le temps...Nous, ce que nous voulions que tu comprennes bien, c'est que le président n'est plus là pour te protéger.

Gaétan Duvallier.

Quant à Monsieur Déherache, il a pris sa retraite. Pas de chance !

Colette Legras.

À ton âge, ce ne sera pas simple de te remettre dans le bon chemin, mais pour nous la route est libre.

Gaétan Duvallier.

(Qui rit)

Nous avons un boulevard devant nous et c'est nous qui imposons les rythmes de circulation et les marques au sol Les voitures au fossé ne nous intéressent pas et vous êtes dans le fossé. Il va falloir que vous vous pliiez, si vous souhaitez en sortir. Nous allons vous mater !

Claude Cognard.

Colette Legras.

Ta nouvelle adjointe au fait ? Ça se passe bien.

Christian Machin.

Oui, pas mal ! Elle vient d'arriver...dans la boutique. Elle semble avoir beaucoup de soucis personnels...

Gaétan Duvallier.

Nous avons bien fait de l'affecter chez vous...Je crois qu'entre vous deux, ça ne se passe pas aussi bien que vous le dites

Christian Machin.

Vous êtes mieux informés que moi.

Colette Legras.

Non, nous savons ce qu'elle nous a dit.

Gaétan Duvallier.
Vous voyez comme quoi, les événements sont d'une logique implacable, vous savez tout du président et vous ignorez tout de votre adjointe. Nous savons tout de votre adjointe et vous, vous ne savez rien !

Christian Machin.

Bien !

Gaétan Duvallier.

Quinqua Paria.

Et ce qu'elle nous dit nous renverse !

Christian Machin.

Je n'ai pas envie de poursuivre.

Colette Legras.

La vérité te dérange ?

Christian Machin.

Si vous avez des choses à dire, dites-les !

Colette Legras.

Mireille Trodambition travaille dans l'entreprise depuis cinq ans. Elle a travaillé auprès d'Alain Edemoi de la direction financière pendant deux ans, dont elle a redynamisé le service... ensuite elle a été affectée dans notre plus grand magasin de Paris pendant presque trois ans. C'est une pro

Gaétan Duvallier.

Une vraie professionnelle qui est là pour vous aider, vous, Machin

Christian Machin.

Elle a une curieuse façon d'aider. Je note que les directeurs auprès desquels elle a travaillé, sont tous au chômage aujourd'hui

Gaétan Duvallier.

Claude Cognard.

Notez-le ! Vous avez raison de le noter. Mais retenez une chose, c'est que pour vous, c'est une chance qu'elle soit là. Elle va vous aider .

Colette Legras.

C'est ce qu'elle te dira et t'apportera à toi et à ton équipe qu'il faudra noter désormais. C'est une pro, il me paraît normal que lorsque sur son chemin, elle croise des incompétents, ceux-ci nous quittent, non ?

Christian Machin.

Si vous le dites.

Gaétan Duvallier.

Vous en doutez ?

Christian Machin.

Edemoi est entré dans l'entreprise, quelque temps avant que j'y arrive. C'est lui qui a organisé le système de gestion encore en place aujourd'hui... c'était un proche du président et un grand professionnel ...

Gaétan Duvallier.

Vous dites ça, mais même le président n'a pas été difficile à convaincre. Mireille a fait un rapport tellement « parlant » que son incompétence a sauté aux yeux de tous.

Christian Machin.

Quinqua Paria.

Ah bon ! Je l'ai eu au téléphone, il y a encore deux jours, c'est un ami... Vous allez me dire aussi que Pierre Delavente, le dernier directeur de Mireille, qui a passé plus de quinze ans chez nous, n'était plus compétent lui, non plus.

Colette Legras.

Non ! Nous ne vous dirons pas ça ! Nous n'avions pas besoin de ce garçon.

Christian Machin.

C'est tout ?

Colette Legras.

C'est tout !

Gaétan Duvallier.

Ce n'est pas votre problème.

Christian Machin.

J'en déduis que je vais subir le même sort que ces deux collègues.

Gaétan Duvallier.

Déduisez, il y a une chose que vous savez si bien faire, déduire ! Alors déduisez

Scène.

Adeline Nichapoux.

Bonjour, Machin.

Christian Machin.

Bonjour, Nichapoux

Adeline Nichapoux.

Tu ne m'appelles plus par mon prénom ?

Christian Machin.

Je te retourne la question.

Quinqua Paria.

Adeline Nichapoux.
(Elle dépose son cartable sur le bureau de Christian Machin).

Je viens contrôler tes caisses.

Christian Machin.

Contrôler mes caisses, sans prévenir ?
C'est nouveau. Les caisses sont contrôlées les soir, au moment de l'arrêt.

Adeline Nichapoux.

Normal !

Christian Machin.

Pourquoi normal ?

Adeline Nichapoux.
(Elle s'installe dans le fauteuil de Christian Machin).

Gaétan Duvallier. me l'a demandé.

(Elle s'assoit dans un fauteuil visiteur).

Christian Machin.

Écoute, s'il te l'a demandé, alors fais comme chez toi ! Tu es libre

Adeline Nichapoux.

Claude Cognard.

Je vais te poser des questions.

Christian Machin.

Si tu veux.

Adeline Nichapoux.

(Elle ouvre son cartable, dont elle sort un dossier)

Le nom de ta caissière ?

Christian Machin.

Marinette Dubois !

Adeline Nichapoux.

Marinette ?

Christian Machin.

Oui, Marinette.
Ce prénom est banni ?

Adeline Nichapoux.

Tu me dis que ta caissière s'appelle Marinette... Juste un prénom, pas de nom ?
Passons, moi j'avais noté Isabelle Uglygirl...

Christian Machin.

Quinqua Paria.

Tu sais très bien que nous n'avons pas qu'une seule caissière dans les magasins. C'est moi qui t'ai formée, tu te souviens de l'organigramme mis au point.

Adeline Nichapoux.

Ne parlons pas d'histoire ancienne. Je constate que tu as une caissière numéro un, Isabelle, numéro deux Anna Marinette n'est pas sur la liste des caissières

Christian Machin.

Mets tes fichiers à jour Je ne peux rien dire de plus.

Adeline Nichapoux.

Je note...

Christian Machin.

Marinette a fait l'objet d'une embauche comme caissière, le contrat a été émis par la direction du personnel et un double transmis à la direction des magasins. Cette jeune femme travaille chez nous depuis deux ans... Ton dossier n'est pas à jour.

Adeline Nichapoux.

Je note et je transmettrai à Gaétan Duvallier.

Christian Machin.

N'hésite pas ! Ne te prive surtout pas de ce plaisir .

Adeline Nichapoux.

Claude Cognard.

On va te dresser.

Christian Machin.

(Mouvements de surprise)

Pardon ?

Adeline Nichapoux.

Oui, il va falloir que tu te plies.

Christian Machin.

Quoi ? J'ai mal compris.

Adeline Nichapoux.

Tu nous as bien compris.

Christian Machin.

Tu dis « Nous » qui est ce « nous » ?

Adeline Nichapoux.

Tu le sais très bien Je reprends. Tu me parles d'une caissière, Marinette et te m'expliques qu'elle travaille dans ton magasin depuis deux ans or moi je connais Isabelle et Anna. Ne me dis pas que c'est cohérent. Il va falloir que tu deviennes cohérent, que tu fasses preuve de rigueur. Tu ne connais même pas le nom de ton personnel.

Quinqua Paria.

Christian Machin.

Qu'est-ce que tu racontes ? Tu... mais tu... Qu'est-ce que tu cherches à dire ou à faire ?

Adeline Nichapoux.

D'être objective !

Christian Machin.

Objective ? Tu parles d'objectivité, je ne comprends...

Adeline Nichapoux.

(Elle déplie des listings qu'elle vient de sortir de son cartable).

D'ailleurs, il faut que tu m'expliques, pourquoi il y a ces erreurs de caisses.

Christian Machin.

Erreurs de caisses ?

Adeline Nichapoux.

Oui, erreur de caisse ?

Christian Machin.

C'est moi, qui t'ai formée, je t'ai appris tout ce qui de loin ou de près touche à la gestion des caisses.

Claude Cognard.

Adeline Nichapoux.

Justement ! C'est encore plus inadmissible.

Christian Machin.

Il n'y a aucune erreur de caisse !

Adeline Nichapoux.

Et tu avoues implicitement que tu ne contrôles pas le travail de ton personnel le soir .

Christian Machin.

Tu n'es pas sérieuse, je suis présent tous les soirs depuis vingt ans. Et je sais qu'il n'y a pas eu la moindre erreur de caisse ces derniers Jours.

Adeline Nichapoux.

Eh bien, je vais te montrer tes erreurs.

Christian Machin.

(Qui prend le listing)

Évidemment une erreur reste toujours possible... si c'est le cas, j'en suis avisé par la caissière, nous la corrigeons et nous l'expliquons à la compta. C'est la procédure...

(Brutalement, il referme le listing)

Quinqua Paria.

Attends, Adeline, tu as souligné comme une faute, la double écriture provoquée par le nouveau logiciel de caisse... Tu sais très bien que l'informatique travaille sur ce bug et que tous les magasins y sont confrontés.

Adeline Nichapoux.

C'est toi qui le dis !

Christian Machin.

Non, ce n'est pas moi, c'est un fait !

Adeline Nichapoux.

Non, c'est toi qui le dis et nous nous saurons en tenir compte. En plus ton inventaire est faux

Christian Machin.

(Qui se frappe la tête)

Comment ? Mon inventaire est faux ?

Adeline Nichapoux.

Oui, nous avons repris ton inventaire tournant de novembre dernier, vingt montres n'avaient pas été intégrées.

Christian Machin.

Évidemment, il s'agissait d'achats directs faits par Gaétan Duvallier que la cellule stock du siège avait oublié d'intégrer, c'est moi qui leur ai signalé l'omission,

Claude Cognard.

vous n'allez pas renverser la situation.Tout a été régularisé sans problème. C'est Duvallier qui n'avait pas fait son travail.

Adeline Nichapoux.

Tu ne reconnais pas tes erreurs et tu accuses les autres.

Christian Machin.

Tu n'es pas sérieuse, Adeline, tu sais très bien que le stock était juste que ces « plus » ont été régularisés.

(Il ouvre le tiroir de son bureau).

J'ai le courrier par lequel je signale l'oubli. Il n'y a jamais eu de problème. En plus novembre dernier, c'était il y a un an, vous vous seriez réveillés depuis longtemps ? Non ?

Adeline Nichapoux.

Tu ne reconnais pas tes erreurs ? C'est bien ce que je disais... Alors j'imagine que les 2000 Euros de démarques inconnues à l'inventaire de janvier, vont te paraître d'une logique à toute épreuve.

Christian Machin.

Tu n'es pas sérieuse ! 2210 € de démarques inconnues pour un chiffre de 3 millions d'euros, c'est risible ! D'autant que les problèmes informatiques ces derniers mois ont été fréquents... d'ailleurs, je te rappelle que l'informatique reste sous ta responsabilité.

Adeline Nichapoux.

Quinqua Paria.

Tu ne reconnais pas tes erreurs

Christian Machin.

Il n'y a rien à reconnaître, tu te moques de moi.

Adeline Nichapoux.

Pas du tout !

Christian Machin.

Tu te souviens tout de même que j'ai été ton formateur ?

Adeline Nichapoux.

Je n'ai pas à me souvenir, j'ai des ordres de plus haut pour ne pas me souvenir.

Christian Machin.

De plus haut ?

Adeline Nichapoux.

De plus haut.

Christian Machin.

Colette Legras. ?

Claude Cognard.

Adeline Nichapoux.

Je n'ai pas à le dévoiler. Je constate que conformément aux doutes de Monsieur Duvallier., les inventaires sont faux, tu ne sais même pas qui est responsable de tes caisses et en plus que tu nies tout.

Christian Machin.

Je nie tout, évidemment que je nie tout Tu veux que je te dise, tu travailles à l'envers, tu t'y prends mal.

Adeline Nichapoux.

Et tu m'insultes ? Tu contestes mon travail.

Christian Machin.

Je ne t'insulte pas, j'essaie de comprendre pourquoi tu fais le jeu de ces deux arrivistes qui depuis que le président est absent, imaginent qu'ils vont régenter le monde .

Adeline Nichapoux.

J'ajouterai dans mon rapport que tu n'acceptes pas l'autorité de ta hiérarchie.

Christian Machin.

Écoute, je vais te donner les clefs de la boutique, de mes bureaux de mes ordinateurs, tu pourras rencontrer les vendeuses, les techniciennes, les gardes, le chien du voisin, moi je m'en vais

(Il sort)

Quinqua Paria.

Scène.

(Le président directeur générale est décédé le matin même. Christian est au téléphone avec Mathilde).

Mathilde.

(Très affectée)

Allô ! Il est décédé ce matin tu sais ?

Christian Machin.

(au téléphone).

Je suis vraiment touché, j'ai l'impression d'avoir perdu quelqu'un de ma famille Il était génial.

Mathilde.

Je ne le connaissais pas vraiment La seule fois où je l'ai rencontré, c'était avec toi, dans son bureau.

Christian Machin.

Il était heureux de notre visite. Duvalier lui n'a pas apprécié lorsqu'il a su que nous étions allés à son chevet.

Claude Cognard.

Mathilde.

L'essentiel, c'est que nous ayons fait plaisir au président. D'ailleurs, je n'y comprends rien, Duvallier. et Legras s'en sont encore pris à moi. Hier, ils ont débarqué dans ma boutique. Colette Legras s'est adressé à Denise Dupuy, la petite dernière que j'ai recrutée pour la déco... et tu sais ce qu'elle lui a demandé ?

Christian Machin.

Non ?

Mathilde.

Elle lui a demandé comment était l'ambiance du magasin. Tu as déjà vu ça, un superviseur qui entre dans un magasin et qui questionne les vendeuses au lieu d'en parler à la directrice en place. Avec moi, ça ne va pas durer, ils m'ont dans le collimateur !

Christian Machin.

Nous sommes tous logés à la même enseigne !

Mathilde.

Non, mais attends, toi tu ne risques rien, vingt ans de boîte ! Mais moi, je suis arrivée en même temps qu'eux, il y a deux ans. C'est Duvallier. qui m'a embauchée.

Christian Machin.

Le patron décédé, ça va être pire Ils vont tout refaire à leur façon.

Quinqua Paria.

Mathilde.

À leur façon peut-être, mais attends, une responsable qui débarque et qui ... Elle a demandé à ma responsable des stocks de lui faire une liste des vendeuses qui selon elle, seraient en conflit avec moi.

Christian Machin.

Reste calme !

Mathilde.

D'accord, mais il faut quand même que j'ajoute que pour eux, mon adjointe est brusquement devenue incompétente ! Tu m'entends incompétente ! Ils m'ont dit les yeux dans les yeux, « Karine est incompétente, vous allez devoir la changer ». La changer ? Karine ? La changer, tu entends ?... La changer comme un vieux chemisier... Karine qui vient de se marier qui va être maman dans ... Ils ne savent pas qu'elle est enceinte...

Christian Machin.

Elle est enceinte ? Tant mieux, elle devient intouchable.

Mathilde.

Christian, tu as entendu ce que je te disais ?

Christian Machin.

Oui que visiblement, Gaétan Duvallier. et Colette Legras. , se sont présentés chez toi et qu'ils ont tout critiqué. Tu sais que Bérénice de Tulles a été licenciée.

Claude Cognard.

Mathilde.

Bérénice ? Non ? Bérénice Balintano ? Ils sont devenus fous. Sous quel motif ?

Christian Machin.

Pas de motif ! Officiellement tout au moins Ils sont arrivés, ils lui ont dit, « prenez vos affaires pour vous, c'est terminé, vous ne faites plus partie du personnel ». Tu imagines ?

Mathilde.

Ce n'est pas légal.

Christian Machin.

C'est ce qu'elle leur a dit Ils lui ont dit, vous n'avez qu'à vous adresser aux prud'hommes, si vous souhaitez réparation !

Mathilde.

Si le patron pouvait voir ça !

Christian Machin.

Il doit se retourner dans son cercueil !

Mathilde.

Dans son lit de mort, tu veux dire !

Quinqua Paria.

Christian Machin.

Je ne sais pas dans quoi, mais je suis sûr qu'il bouge Figure-toi qu'ils me reprochent mon inventaire de novembre. Tu te rappelles l'inventaire partiel que nous avions fait, il y a un an et comme cela ne leur suffit pas, ils ont ajouté, celui de janvier...

Mathilde.

Ils n'ont pas le droit et en plus ton inventaire est dix fois plus juste que le mien. J'avais 50 000 francs de démarques inconnues, enfin 7500 € et des brouettes...

Christian Machin.

Ils cherchent des raisons pour me virer au plus bas prix.

Mathilde.

Ne te laisse pas faire Christian Machin.
Tu sais, avant-hier j'étais au siège, tu sais ce qu'ils m'ont dit ?

Mathilde.

Accouche !

Christian Machin.

Ils ont insinué que si nous arrivions tard les veilles de réunions, ce n'était pas par hasard.

Mathilde.

Claude Cognard.

Ils te prennent pour un dragueur De quoi je me mêle ? Franchement, mais Duvallier. te reproche de faire ce qu'il fait ouvertement avec l'autre pétasse de Colette Depuis qu'il l'a embauchée, cette fille passe sa vie avec lui...

Christian Machin.

Non, il cherche tout ce qui pourrait leur servir pour justifier un licenciement Colette l'a dit, elle y mettra le temps, mais elle trouvera On trouve toujours les moyens de virer les gens... Il faut savoir être patient.

Mathilde.

Quelle enfoirée !

Christian Machin.

Moi, ce que je crains le plus, c'est que le chiffre de tous les magasins ne commence à s'effondrer.

Mathilde.

Pourquoi ?

Christian Machin.

Parce qu'ils m'ont retiré les catalogues, m'interdisent de faire des remises ou des cadeaux aux clients.

Mathilde.

Ils ont fait des études de l'impact de leurs décisions sur ta clientèle ?

Quinqua Paria.

Christian Machin.

L'intuition suffit, a dit Gaétan Duvallier.

Mathilde.

Ils n'ont pas le sens des affaires.

Christian Machin.

La famille du président est trop gentille, dommage qu'elle ne se soit jamais intéressée à l'activité du père.

Mathilde.

Tu aurais dû postuler à la place de Legras.

Christian Machin.

Tu me vois travailler avec Duvallier.

Mathilde.

(en riant).

Non !

Christian Machin.

Il y a trop de loups au siège, tu vois ce qui s'y passe. Il y a longtemps, que l'on m'avait proposé... La famille... enfin, c'était clair, dès que les magasins seraient assez nombreux...On devait créer un responsable de zone.

Claude Cognard.

Mathilde.

J'aurais bien aimé travailler sous ta direction.

Christian Machin.

Ne leur dis pas ça...

Mathilde.

Bérénice aurait aimé, elle aussi.

Christian Machin.

Vous plaisantez ? C'est trop gentil. Mais je suis vraiment le dernier qu'ils viendraient recruter pour vous encadrer. Ils veulent des gardes-chiourmes. Je crois trop à la responsabilisation et au dialogue...

Mathilde.

Non, ce qui les gêne, c'est que tu connaisses trop bien tous les systèmes, tous les acteurs du siège et tous les services. Ils galèrent pour essayer d'être à ton niveau.

Christian Machin.

Oui, on peut rêver.

Mathilde.

Je t'assure.

Christian Machin.

À voir.

Mathilde.

Tu sais ce que nous allons faire, nous avons une réunion au siège la semaine prochaine, nous allons nous prendre Gaétan Duvallier et Colette Legras entre quatre yeux.

Christian Machin.

Qu'espères-tu leur dire ?

Mathilde.

Que je couche avec toi. Et que j'en suis fière.

Christian Machin.

(il rit).

T'es conne ! Ne tiens pas ce genre de propos, ils seraient capables de ne pas comprendre que tu plaisantes. Allez, il faut que je raccroche... Je t'embrasse.

Mathilde.

Moi aussi, je t'embrasse

Scène.

Duvallier.

(derrière son bureau)

Alors, qu'est-ce que c'est que cette histoire ? Je n'ai jamais vu que deux directeurs me convoquent à un entretien par lettre recommandée.

Mathilde.

(Assise en face de Duvallier. à côté de Christian Machin.)

Eh bien Monsieur, vous ne pourrez plus le dire.

Duvallier.

Vous, votre insolence...

Colette.

(Assise à droite de Duvallier) .

Avec copie au fils de notre nouveau président. Vous aviez bu ou quoi ?

Quinqua Paria.

Mathilde.

Pourtant non.

Christian Machin.

Excusez-nous, mais visiblement nous n'avions pas d'autres solutions pour vous faire part de nos préoccupations.

duvallier.

(Il s'énerve et lève les bras en brandissant une lettre)

Nous faire part de vos préoccupations ? De vos préoccupations, parce que vous avez des préoccupations ? Vous appelez ça des préoccupations ?

Colette.

(Presque conciliante)

Tu déconnes Christian ! Tu aurais pu nous en parler !

Mathilde.

Vous en parlez ? Il a essayé...

Duvalier.

(La tête entre les mains)

Vous ! Vous vous taisez, on ne vous a pas demandé l'heure !

Claude Cognard.

Mathilde.

Eh bien je vous la donne !

Colette

(Elle se rapproche de Christian Machin.)

Elle est folle cette fille, qu'est-ce que tu fais avec elle ?

Christian Machin.

Qu'est-ce que tu cherches à me dire ?

Colette Legras.

Je ne cherche rien, sinon à te mettre en garde. Nous avons déjà essayé et tu n'as pas écouté. Regarde où cela te conduit.

Duvallier.

Cette fille est un danger pour vous Vous ne vous...

Mathilde.

(Elle hausse le ton).

Non, mais enfin, vous permettez ?

Duvallier.

Quinqua Paria.

Bien sûr que nous permettons, Madame nous n'avons d'autre choix que de vous permettre. La lettre que vous nous avez écrite ne nous laisse pas d'autres choix. Pas d'avocat, pas de délégué du personnel, pas de témoins ?

Mathilde.

La lettre a été écrite à deux.

Duvallier.

À deux mains ? À deux pieds ?...

Christian Machin.

Vous le savez très bien que nous l'avons signée, elle et moi

Colette

Non, mais toi, c'est différent tu...

Christian Machin.

Qu'est-ce qui est différent ?

Duvallier.

Vous êtes un leader, un de ceux qui sont à l'origine des magasins.

Christian Machin.

Je ne suis à l'origine de rien, Monsieur Je vous rappelle vos propos...

Claude Cognard.

Mathilde.

Vous pouvez répondre à notre lettre ?

Duvallier.

(Il froisse la lettre et la jette à la poubelle)

Voyez ce que j'en fais de votre lettre et estimez-vous heureux. Je pourrais vous poursuivre pour diffamation.

Christian Machin.

(Il sort le double du courrier de sa sacoche)

Ce n'est pas grave J'ai le double .

Mathilde.

Nous sommes amoureux, Monsieur. C'est ce que vous dites, N'est-ce pas ? Eh bien, vous avez tout compris. Quelle brillante intuition. Vous vous souvenez que nous sommes en république et que les seigneurs n'ont plus le droit de cuissage sur leurs vassaux .

Christian Machin.

Vous n'avez pas à nous accuser sans savoir et quand bien même cela serait-il le cas, vous n'avez pas à vous en mêler.

Mathilde.

Quinqua Paria.

Est-ce que nous vous demandons ce que vous faites vous et Mademoiselle Legras ?

Duvallier.

Non mais attendez ! Vous avez oublié que j'étais votre patron Vous l'avez oublié ou quoi ?

Christian Machin.

Non, nous ne l'avons pas oublié, mais vous, vous avez oublié les principes mêmes du respect humain Vous vous croyez tout puissant...

Colette Legras.

Calme-toi Christian, nous comprenons ton point de vue Arrête, tu sais bien que nous n'avons rien contre toi .

Mathilde.

Contre moi, si ?

Christian Machin.

Les reproches que vous adressez à Mathilde sont des reproches que vous m'adressez à moi.

Duvallier.

C'est à vous de voir.

Claude Cognard.

Christian Machin.

C'est tout vu .

Colette Legras.

Ta vendeuse chérie, Estelle ? Tu as remarqué qu'elle avait 400 heures au débit de son compteur.

Christian Machin.

Tu plaisantes ! Tout d'abord je n'ai aucune vendeuse chérie et justement, je voulais t'en parler, car je suis passé au bureau du personnel. Qu'est-ce que tu es allé bidouiller dans les états de présences de mon équipe avec Patrice de l'Info .

Colette Legras.

Je ne suis jamais allé au bureau du personnel.

Christian Machin.

(Il sort un autre listing)

Alors malgré tout, le respect que je te dois, puisque tu es devenue ma chef, explique-moi, pourquoi Estelle avait un compteur horaire excédentaire de 50 heures le 31 du mois dernier et que ce compteur a basculé brusquement dans le négatif le 1 du mois suivant ? Plus 50 le 31 et moins 400 le 1er du mois suivant ?

Colette Legras.

Je n'ai rien à expliquer C'est une « régule »...

Quinqua Paria.

Duvallier.

Elle n'a pas de compte à vous rendre.

Christian Machin.

Lorsqu'il s'agit de mon personnel, si ! La responsable du service des paies m'a expliqué que toi Colette, tu étais entrée dans son bureau comme une furie, que tu lui as demandé les états de pointages de ma boutique et que tu as décrété qu'il y avait des erreurs que Patrice allait corriger .

Duvallier.

Machin, vous m'emmerdez !

Christian Machin.

Pardonnez-moi, Monsieur, mais je crois que vos propos dépassent votre pensée Enfin j'espère.

Duvallier.

(Il se lève et se jette sur Christian Machin. qui esquive)

Machin vous m'emmerdez, vous êtes Moche et con Machin ... Machin, petit con, Machin espion, petit con de chez con.

Mathilde.

Calmez-vous, Monsieur !

Colette Legras.

Claude Cognard.

Gaétan, calme-toi !

Mathilde.

Je vois que le tutoiement est de rigueur Allez, moi, je préfère partir Tu viens Christian ?

Christian Machin.

Je préfère partir aussi, je suis trop moche et trop con, je suis Machin, le petit con.

Mathilde.

Nous n'en resterons pas là !

Duvallier.

Nous non plus !

Scène..

Dans le bureau de Christian Machin. Duvallier est assis dans le siège de Christian Machin, colette est assise dans un des sièges visiteurs).

Duvallier.

(en montrant le siège visiteur libre).

Asseyez-vous en face Machin !

Christian Machin.

Bien volontiers, Monsieur.

Duvallier.

Normal, vous n'êtes plus chez vous.

Christian Machin.

Je n'ai jamais été chez moi ici, Monsieur.

Colette Legras.

Quinqua Paria.

Tu le seras encore moins dans quelques minutes.

Christian Machin.

C'est comme tu veux, Colette...

Duvallier.

J'ai noté que vous aviez bien reçu la convocation et que vous ne souhaitiez pas être assisté par un représentant du personnel, ni d'ailleurs par qui que ce soit.

Christian Machin.

Absolument ! Je peux me défendre seul d'autant que visiblement votre décision est prise.

Duvallier.

Ce moment, je le savoure, il y a deux ans que je l'attends.

Christian Machin.

Je sais Monsieur.

Duvallier.

Bien évidemment, vous savez que nous avons viré Mathilde Barn, votre collègue adorée.

Christian Machin.

Claude Cognard.

Je sais Monsieur. Je sais que vous ne reculez devant aucun sacrifice et que tous ceux qui étaient proches de moi prenaient le risque d'être virés.

Colette Legras.

Passons...

Duvallier.

J'ai ici le rapport d'Adeline. Pour un directeur et un formateur, ce n'est pas fort de café. Je le savais depuis que nous nous sommes rencontrés.

Christian Machin.

Laissez le café à sa place et venez-en aux raisons qui vous ont conduits jusqu'ici.

Duvallier.

Vous êtes nul, nous en avons la confirmation Ne pas même connaître le nom de sa caissière ...

Christian Machin.

Ne perdez pas votre temps avec ce genre de propos sans fondement, ni d'ailleurs à m'énumérer vos reproches, vous avez tellement pris de soins pour les construire que je connais déjà le contenu de ma lettre de licenciement Alors au fait !

Duvallier.

Nous y arrivons...

Quinqua Paria.

Colette Legras.

Ris, mon petit Machin, ris, pendant qu'il est encore temps pour toi.

Duvallier et Colette Legras.

(Ensemble et montrant la porte).

Dehors !

Christian Machin.

Monsieur, je ne m'attendais pas à autant d'égards de votre part, je vous en remercie. Par contre au point où nous en sommes, je vais vous dire ce que je pense de vous .

Duvallier.

(Bras tendu, il hurle)

Vous êtes sourd ? Sortez !

Christian Machin.

Avant tout, je vais vous expliquer qui vous êtes...

Duvallier.

Tiens donc ?

Christian Machin.

Claude Cognard.

Vous êtes un incompétent Monsieur, mais à ceci vous n'y pouvez probablement rien. Pour être compétent il faut un minimum d'intelligence et vous n'en avez pas.

Duvallier.

Maintenant, ça suffit, vous sortez ...

Christian Machin.

Non, Monsieur, je vais ajouter qu'il vous manque en plus l'intelligence du cœur, cette intelligence qui fait les grands patrons, cette sensibilité qui vous permet de comprendre qu'en face de vous , ce sont des hommes qui vivent et qui vibrent, cette intelligence qui permet de se rendre compte que tous les hommes sont prêts à se battre pour leur patron, si celui-ci est juste, objectif, bon. Vous n'être ni juste, ni objectif, ni bon .

Colette Legras.

Quitte ce magasin, quitte ce bureau, tu n'as rien à faire à dire ici, désormais.

Christian Machin.

Il y a partout des hommes et des femmes qui s'usent au travail pour des salaires indécents comparés aux vôtres.

Duvallier.

Encore une fois vous mélangez tout.

Christian Machin.

Quinqua Paria.

Non, je n'ai dans cette entreprise eu qu'un objectif, celui d'être à la hauteur de l'attente de mes clients, être juste et reconnaissant envers mon équipe et permettre à mon entreprise et à ma hiérarchie, donc à vous Monsieur, de réussir.

Duvallier.

Arrêtez votre litanie, Machin.

Colette Legras.

Tire-toi, Machin. Tu es moche et tu es con !

Christian Machin.

Je pars tête haute, fier de ce que j'ai fait et conscient de laisser une équipe professionnelle et formée. Je ne suis pas le seul à partir dans ces conditions-là, vous n'avez eu aucune pitié envers nombre de mes collègues...

Duvallier.

Rien à voir ! Vous mélangez tout...

Christian Machin.

Il y a la justice, bien sûr, mais plus que ça, il y a votre conscience.

Duvallier.

Laissez, ma conscience, elle saura très bien s'en remettre.

Christian Machin.

Claude Cognard.

Je n'en doute pas un instant.

Duvallier.

Rassurez-vous, non !

Colette Legras.

Assez, maintenant tu pars !

Christian Machin.

Rassure-toi Colette, je vais partir... je vais aller rejoindre les listes de l'Anpe, les listes de ces hommes et de ces femmes qui après 10 ans, 20 ans, 30 ans sont jetés comme des kleenex Et encore je ne suis pas le plus malheureux, je ferai autre chose, autrement... Combien sont-ils ceux qui savent qu'après l'Assedic, il n'y aura rien ?

Colette Legras.

Pour les fainéants, il y a le RMI.

Christian Machin.

En disant cela, vous dites tout. À vous entendre, c'est la solution ?

Duvallier.

Je ne veux pas discuter. Vous êtes fou, Machin.

Christian Machin.

Quinqua Paria.

Je sais Moche et con, à la fois, je suis Machin le petit con !

Duvallier.

Vous êtes viré, je ne vais pas en plus, discuter avec vous.

Christian Machin.

Vous avez pris votre décision ?

Duvallier.

Vous le savez bien. On suit la procédure... Mais vous n'avez pas de témoins ! Alors...

Christian Machin.

(Il lève et se retourne vers la sortie).

C'est un meurtre professionnel, Monsieur ! Pire, c'est un meurtre social. Vous auriez mieux fait de venir avec une arme.

Duvallier.

(Il sort un pistolet et tire sur Christian Machin. qui s'effondre).

Meurtre social ou professionnel ?
Je l'ai eu ce petit con !

Christian Machin.
(Il se relève.)

Claude Cognard.

Moi, je me relève, mais combien de licenciés abusivement ne se relèvent jamais ?

RIDEAU.